西部警察 PERSONAL 3
三浦友和
THE HERO OF SEIBUKEISATSU

GORO OKITA
POLICE ACTION

沖田五郎

西部警察署刑事

かつては本庁のエリート刑事。愛称「オキ」「五郎」。西部警察 PART- II の第 3 の顔であり最大の目玉たる人物である。ある事件で腰に銃弾を受けた。99%の危険を伴う弾丸の摘出手術を拒否。そのため余命が半年とされた。

石原裕次郎さんのようなスケールの大きな俳優になりたい！〝うまい〟といわれるより、〝魅力的〟といわれる俳優になりたい。見せる芝居というのは嫌いですね。自分の中のものがどれだけ発散できるか、それしかないですね。なにしろここは男の仕事場ですね。　三浦友和

左より

峰竜太（平尾一兵・愛称イッペイ 西部警察署刑事）
井上昭文（浜源太郎・愛称おやっさん 西部警察署刑事）
渡哲也（大門圭介　西部警察署部長刑事）
三浦友和（沖田五郎・愛称オキ 西部警察署刑事）
石原裕次郎（木暮謙三 西部警察署捜査課長）
舘ひろし（鳩村英次・愛称ハト 西部警察署刑事）
御木 裕（北条 卓・愛称ジョー 西部警察署刑事）

60-1
56-1
苗穂工
荷重
自重10

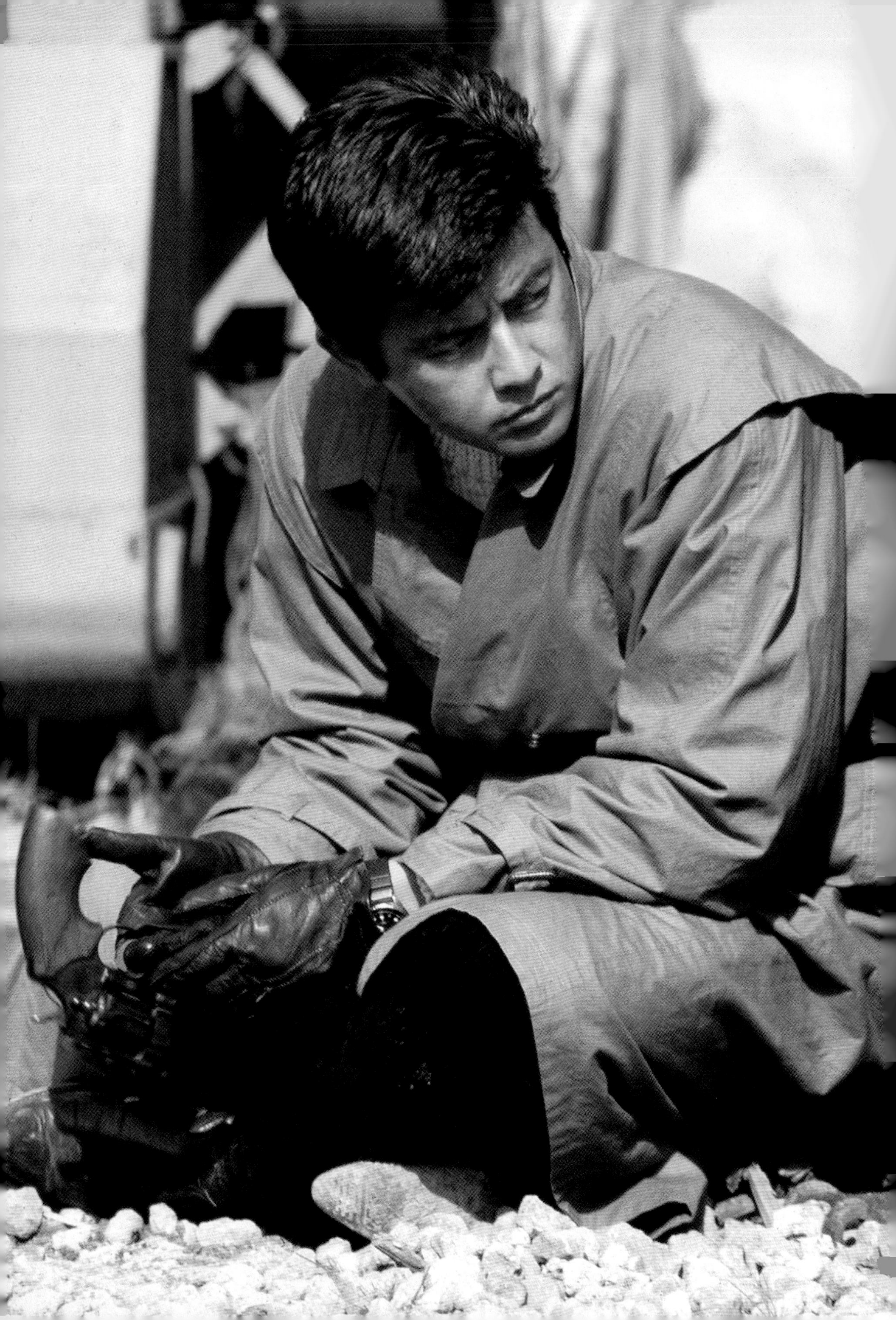

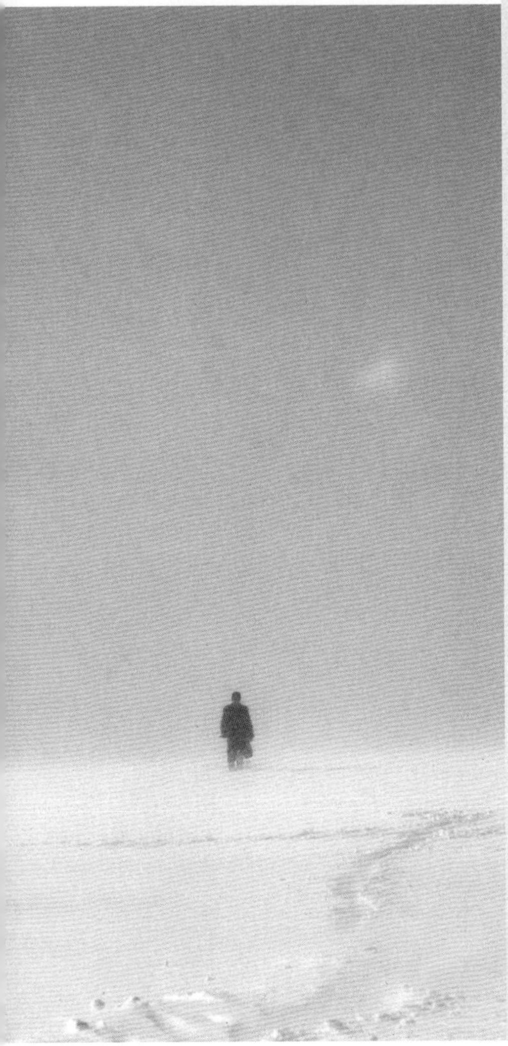

CABIN

LAST SCENE IN NAGANO

CONGRATULATIONS

STUNT

レストラン

JA9200

30

30

静岡県警察

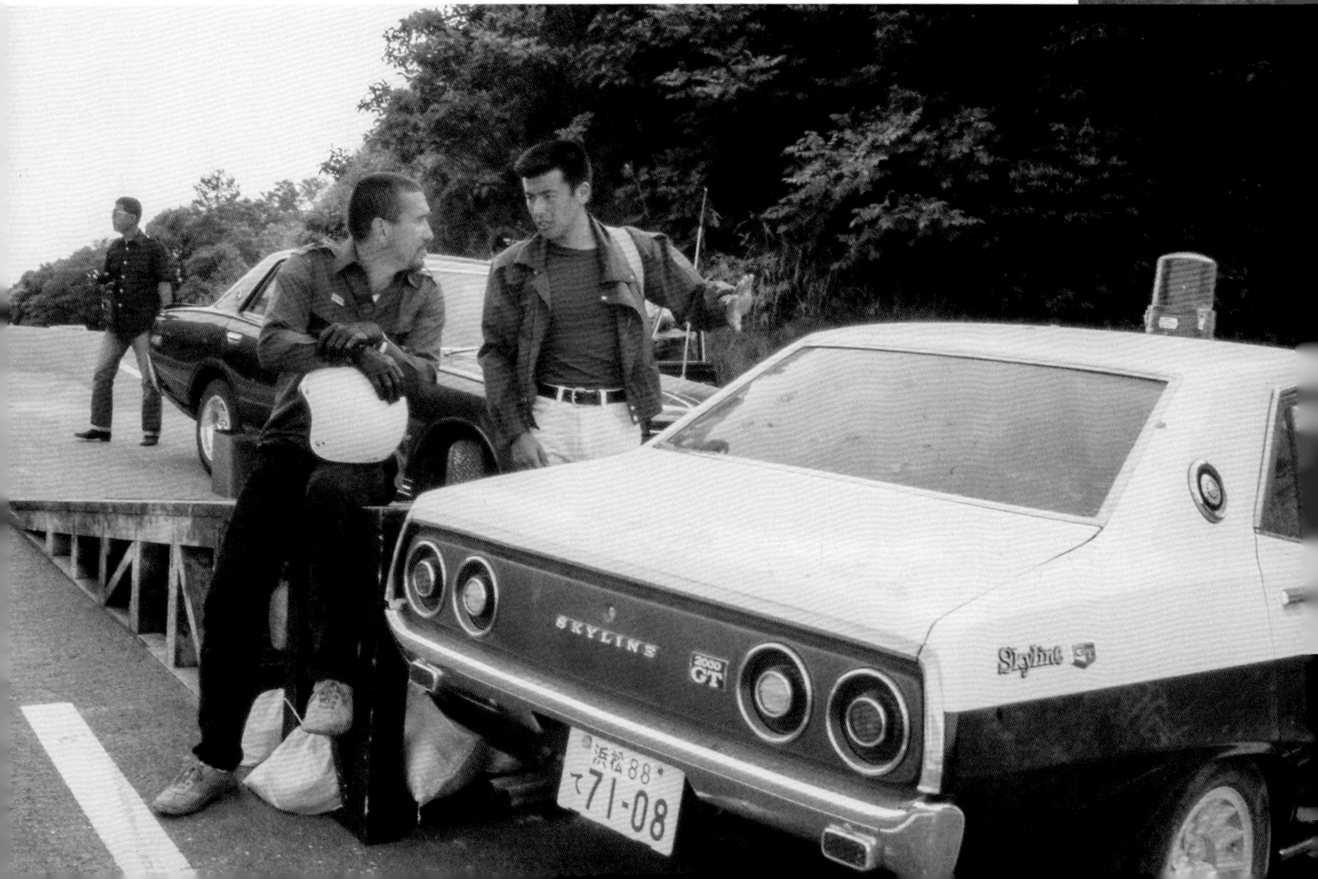
SKYLINE
2000 GT
Skyline GT
浜松88
て71-08

PRIDE
DAIMON GUNDAN

大門部長刑事

NISSAN
品川 33

西部警察
PART-Ⅱ
日曜よる8:00
10
テレビ朝日
企画・制作/石原プロモーション
テレビ朝日

中央
庄司永建（二宮武士 西部警察署捜査係長）

4WD
NISSAN
SAFARI

西部警察
テレビ朝日ネットワーク

札幌
(HTB)

PART Ⅱ 西部警察 制作発
〈日曜よる8時より放送〉
企画・制作 石原プロモーション
テレビ朝日
石原裕次郎
渡 哲也
三浦友和

MACHINE RS

マシン RS 兄弟トップバッター

『PART- II』第 15 話において、スーパーマシンの決定版ともいうべきスーパー Z とマシン RS の2台が同時にデビューした。このとき、当時六本木にあった旧テレビ朝日本社前で「ニューマシン発表会」が行われた。この2台の機能のアイディアは、当時日産自動車の社員だった福田正健氏によって開発された。軍団専用車として使われ、オキは数多くの名シーンにこの車と共演した。「スタイリッシュでとても速かった」と三浦友和。ノンターボ FJ20 を搭載し、悪を狩る追跡装備満載のスーパーカーである。

1

2

1/ 当時としては最先端のサーモグラフィー対応のビデオカメラを備え、360 度全方向の回転が可能とした。
2/「PART- II」沖田登場に続いてテレビ朝日でスーパー Z と共に初公開したマシン RS。現存する RS の写真が少ないため、これは貴重なショットである。

OKI's CAR

S&W M29 MAGNUM 6.5inch

S&W M29 マグナム 6.5 インチ

「身体になじむ」とオキ自らが選んだ銃。沖田は、この銃の収納用にテキサス（メーカー名）製のホルスターを使用。鳩村のようにガッチリと身体に装備することはなく、ハーネストだけを左肩にかけるなどオシャレな使い方をした。

S&W M36 CHIEFS SPECIAL

S&W M36 チーフスペシャル

沖田のセカンド銃であるが、初登場「PART-Ⅱ」第1話より使用していた。シリーズ中、様々な側面で登場した印象深い銃だ。1950年スミス&ウェッソン社が、携帯性を重視して開発したポケットにしまえるほどの小型銃だ。

S&W M29 MAGNUM 8.3/8inch

S&W M29 マグナム 8.3/8 インチ

映画『ダーティハリー』でおなじみの強力銃。リキこと松田猛の専用銃と同じタイプの銃だが、銃身が長いためにアクションシーンでは使いづらく、PART-Ⅱの最初の頃は使っていたが、やがて6.5インチに変更した。

OKI's GUN

特撮

三浦友和

漢《おとこ》の肖像

それからのオキ

2022年1月

撮影　筒井義昭
スタイリスト　藤井享子
ヘアメイク　及川久美（六本木美容室）

『西部警察 PART-Ⅱ』『PART-Ⅲ』
沖田五郎刑事役

三浦友和

「石原プロと『西部警察』とオキへの尽きぬ想い」

『西部警察』シリーズのレジェンド中のレジェンド、俳優の三浦友和が、ついに満を持してのご登場！ 三浦は『西部警察 PART-Ⅱ』（'82年）の第1話「大門軍団・激闘再び——沖田登場」（1982年5月30日放送）で沖田五郎刑事役で大門（石原）軍団に堂々初参戦！ 凶悪犯人から人質に取られた少女を救出する際、腰に受けた弾丸が摘出不能となり、〝鉛毒〟で余命半年を宣告された悲劇の刑事、〝オキ〟こと沖田五郎刑事を時にハード・ボイルドに、時にヒューマンに演じ切り、見事『西部警察』の新たなファン層を開拓した。その退場の仕方も印象的で、明らかな殉職ではなく、『PART-Ⅲ』（'83年）序盤の第6話で、白い雪原に生死不明のまま姿を消す……という余韻を残す去り方をした。そのためファンとしてもオキへの想い入れはひとしおで、今回のインタビューはまさに39年（！）来の悲願だったことだろう。約40年の刻《とき》を経て今まさに語られる数々の衝撃的撮影秘話、そして石原裕次郎、渡哲也への尽きせぬ想いをロングインタビューで熱く語ってもらった。

いきなり裕次郎さんに謝られてびっくりしました

まずは石原裕次郎、渡哲也との〝なれそめ〟からお聞きした。意外なことにボス裕次郎とは『西部警察 PART-Ⅱ』出演時が初対面だったという。

三浦 じつは渡さんとは面識がありましたが、石原裕次郎さんとはありませんでした。裕次郎さんとの初対面はこの『西部警察PART-Ⅱ』でした。僕は当時、〝コンビ映画〟と呼ばれた2本立てで興業される映画にたくさん出演していました。上映館は東宝でしたが、撮影スタジオも制作スタッフも、作品自体を作っていたのは当時の日活撮影所でした。今は面影もありませんが、小さなトイレがあって、そこで渡さんに初めてお会いしました。作品名は憶えていませんけど、渡さんも撮影で日活にいらしていて……『大都会』はいつぐらいの作品でしたかね？ 1976年？……もし日活で撮っていたとすると、『大都会』の撮影の合間に、渡さんとトイレでバッタリお会いしたのかもしれませんね。

トイレですから横並びになり、一応お辞儀をして……真横にいらっしゃいましたから（笑）。「あ、三浦君ですか？」と渡さんがおっしゃって。それが初めて交わした会話でしたね。トイレでしたからそのくらいで終わりましたけど、そのときのことは印象深く憶えています。

石原さんは、『西部警察』への出演が決まったときに〝ご挨拶〟という形で初めて成城のご自宅に伺いました。そのときには渡さんはいらっしゃいませんでしたけど、何人か石原プロの方もいらしたことを憶えています。

三浦にとって初対面の石原裕次郎の印象はどうだったのだろう？ シチュエーションも含めてさらにお聞きすることにした。

三浦　石原さんが大病された後で、ちょうど復帰してすぐくらいのときで、〝お元気そうでよかった〟という印象が残っています。そのときに石原さんが「対談を断って悪かったね」と、おっしゃいまして。最初はなんの事か分かりませんでした。石原さんが主演された映画『陽のあたる坂道』（75年）と『あいつと私』（76年）という映画がリメイク公開された際、僕が主演させていただいてるんです。その事があってきっと東宝の宣伝部が宣伝目的で、石原さんと僕の対談をお願いしたんだと思います。そのお話自体が僕の耳には入っていなかったので、急に石原さんに謝られてもなんの話かよく分かりませんでした。

　ですが〝そういうことがあったんだろうな〟という想像が瞬時に働きましたので、〝そんな何年も前のお話を憶えていらっしゃって、「断って悪かったね」と、謝られる方なんだ……〟と、思って、頭が下がりました。

　本当にお気持ちのお優しい方というか……。あれだけお酒で有名な逸話がいっぱいある方と折角お会いできたのに、一献も傾けられなかった事が非常に残念でした。

　地方ロケのときでも、大宴会のときは皆さんと同じ席にいらっしゃいましたけど、一緒にお食事をされる事はありませんでした。当然、奥様、まき子夫人の作られた特製のレシピで、おひとりでお食事されていました。なので、渡さんの部屋にお邪魔するように、裕次郎さんのお部屋にご挨拶に行く事もありませんでした。

三浦の出演が決まった時点で沖田五郎のキャラクターの説明はあったのだろうか？ リハーサルや衣装合わせの段取りも含めてお聞きしたのだが、こちらも意外なお答えをいただくことに。

三浦　その辺はあまり憶えていないんですよ。台本をもらってからはあったのかなぁ……当時は撮影に入る前にプロ

『西部警察 PART- III・第 6 話 沖田刑事・絶唱』における雪中でのラストシーンは、長野県清里近くで撮った。

デューサーに会ったり監督に会ったり、ということはありませんでした。もちろん『西部警察』に限らず。たまにはありましたけどね。今は当たり前みたいに顔合わせや衣装合わせがありますが、当時はそういう習慣はありませんでした。なにせ衣装合わせもしなかったので、『西部警察PART-II』で僕が着ていた衣装は全部自前です。ですから毎回撮影が終わると、衣装というか服を全部自宅に持って帰り、洗濯して、翌日またそのまま着て行くという感じでした。僕だけでなくレギュラーメンバーは全員そうでしたよ。衣装をスタッフに預けていたのは舘ひろしさんかな？　舘さんは当時スーツとライダースーツをオーダーメイドして着たりされていましたから。峰竜太さんもそうでしたね。ですから現場で用意された衣装に着替えていたのは石原さん、渡さん、舘さん、峰さんの4人ですね。僕は家で着て、そのまま現場で演じていましたね。

　一見衣装に見えるあの赤いジャンパーや後半のロングコートなんかも全部自前です。そういう事自体も『西部警察』が初めてでしたけどね。自前の衣装でアクションもこなしていたわけですから、〝よくやってたな〟とは思いますけどね（苦笑）。激しいアクションで衣装が傷む事もありますから。よく乗り切ったものだと自分でも思います。

寺尾聡さんや苅谷俊介さんの穴を埋められるか、すごい重圧を感じていました

以前、石野憲助元プロデューサーにおうかがいしたところ、当時、三浦友和・山口百恵主演の『赤い』シリーズをかなり意識されていて、それで三浦演じる沖田を、不治の病を抱えたキャラクターに設定したとおっしゃっていた。そんなご説明も三浦にはされていたのだろうか？

三浦　そうなんですね？　それは僕には聞かされていませんでした。

　僕的には最初の『西部警察』の寺尾聡さんや苅谷俊介さんのイメージがすごく強くて、『西部警察』は男っぽい印象でした。その方たちが卒業されたところに入ったので、ものすごい重圧がありました。視聴者の皆さんにとっても印象に残っているお二方でしたからね。そのお二人がいなくなったところに自分が入っていけるのか……という重圧感がすごくありました。〝自分に務まるのかな？〟という不安です。まだ31、32歳でしたから。自分で言うのもなんですけど童顔でしたし、今では〝若く見られる〟ということで、〝それもいいな〟と思えるようにはなりましたけど。当時はかなり童顔に近かったので、あのお二人のハードボイルド系のイメージを〝どうやったら自分に穴埋めができるのかな？〟という不安を抱いて撮影に臨みましたね。

そんなご本人の不安をよそに、我々当時の視聴者／ファンは、ハード・ボイルドにイメージチェンジした三浦のニュー・キャラクター＝沖田五郎のかっこよさにテレビの前でしびれていた。その象徴が、〝ヤング大門〟という印象を与える沖田の〝五分刈り〟だ。これも三浦本人のアイディアだったのだろうか？

三浦　これは僕のアイディアではなく、小澤啓一監督に言われてしたのだと思います。その前に映画でも髪は短くしていたので、その事自体にはそんなに抵抗は

ありませんでした。当時は自分でも〝少しでも甘い感じを無くしたい〟という思いがあったんだと思います。なのでスポーツ刈りというかちょっと角刈りですよね? 散髪屋さんも渡さんから紹介していただきました。そのお話をしたら渡さんが「俺の行ってるところに行くかい?」とおっしゃっていただいて、そこからそのお店に通うようになりました。当時、お店に行くと貸切にしてくださって。あの短さは2週間にいっぺんくらい行かないと維持できません。ですからロケに行くと、その散髪屋さんがわざわざロケ現場に来てくださいました。渡さんの次に私の髪を切って、と、そういう形で刈っていただいていました。ロケ現場に出張で来てくださったんです。八尋《やひろ》さんという散髪屋さんで、〝苗字にエロが入ってるんだよ〟と、自慢してましたけどね（笑）。やっぱり短い髪の毛は、少しでも伸びると目立つんです。なので2週間にいっぺん刈っていました。じつはそれが一番手間がかかりました。髪が短いと洗うのは楽でしたけど（笑）。

「スタート時の角刈りヘアは、『少しでも甘い感じを無くしたい』と考えて渡さんに紹介していただいたお店でカットしました」三浦友和

まさか渡さんとお揃い（?）で現場で刈られていたとは!? 衣装の件も含めて次々に明かされる秘話に驚いたが、今度は撮影に臨んでからのお話を具体的に聞いた。

三浦　半年というお約束でレギュラー入りさせていただきました。最初は〝沖田登場〟みたいなお話で、いろいろすごい事をすることになって。〝あ、こういうことでテストされているんだな〟と、思いました。具体的にはヘリコプターで吊り下げられたりとか、車からバスに飛び乗るというアクションがあったかな? そういうことで〝試されているのかな?〟とは思っていました。

　いきなりヘリコプターから縄梯子みたいなものに掴まって吊り下げられるシーンを撮ったんです。「タイトルで使うから」と監督に言われまして。実際に使っていましたけど、監督は「ちょっと上がったらすぐ降りて来るから」とおっしゃいましたが、結局、10メートルと言われた高さが30メートル程上がってしまい……それでぶら下げられたままボーンと、ヘリで遠くまで行かされて。〝なんだろうな?〟と思いながら掴まっていました（笑）。当時、CGもありませんでしたからそれも僕本人でやっています。

　でも、渡さんの吹き替えを担当されていた永野明彦さんも、かなり僕の吹替も演《や》っていただきました。ヘリが遠くに飛び去った所を永野さんが演られていたのだと思います。

以前、小澤監督にお話をうかがった際、監督も「バスとヘリのアクションで三浦君を試したんです」とおっしゃっていたが、演じる三浦自身も試されていた事を実感していた事実が確認できた。それでは、走るダンプカーからバスに飛び移るアクションを始め、数々のアクション秘話を本人に聞いた。

三浦　第1話でバスに飛び移るシーンなど、ああいうアクションは結構好きで、高所恐怖症でもないので、結構面白かったですよ。楽しかったっていうかね。特に怪我もありませんでしたし。事前にアクションの訓練や練習をしたわけでもなかったんですけど、何もなかったですね。もちろん今お話しした、バスに飛び移るシーンなどでも、撮影直前にひと通り説明はあって段取りは組みましたけど、あとはぶっつけ本番です。台本に書いてあるので〝やれるんだろうな〟と思いながらやりました。監督以下スタッフ全員が、〝怪我があったら番組が潰れる〟という意識で下準備と段取りを組まれていたので、その点も信頼感がありましたから、出来上がりは乱暴に見えるかもしれませんけど、僕ら自身は危険なことをやっている印象はなかったですね。

〝小林専務の言う通りにやっていれば大丈夫だろう〟と、思っていました

石原裕次郎、渡哲也はもちろんだが、やはり三浦も小林正彦専務（当時）の段取りの大きさを実感していたという。

三浦　基本的に爆破のシーンの陣頭指揮を執られていたのは小林専務ですからね。最初は監督でもないし、アクション監督でもないし、〝なんなんだろうこの人？〟と、思っていました（笑）。僕は石原プロの形態も、小林専務のポジションも知らなかったので、〝この人は？〟と、不思議な感じでしたね。だけどずっとメガホンを持って、爆破のときも皆に指示を出したり、もっと大きなアクションのときには必ず指揮を執られていましたから。もちろん後々分かるんですけどね。そうそう、舘さんに「あの人なんなの？」と聞いたら「いやいや、あれが小林専務だよ。あの人に任しときゃ大丈夫だから」と、答えられて。「ああそうですか」という会話をした事を思い出しました。

確かに専務は爆破に限らず、いろいろなことのタイミングを見られていました。すごく信頼していたので、僕らは本当に〝専務の言う通りにやっていれば安全で大丈夫だろう〟と、思っていました。

『西部警察 PART-II』以前に三浦が演じていたキャラクターや作品とは180度方向性の違う世界に入るにあたり、中に飛び込んで行ったときに感じたやりづらさや、不慣れで苦労した部分はなかったのであろうか？

三浦　いや全然。楽しかったですよ、すごく。最初はもちろん初めての方ばかりだったので緊張はありましたけど、第1話の撮影が終わったぐらいからすごく現場に行くのが楽しくなりました。スナックセブンのママ（上村七重）役の登亜樹子さんや大門明子役の吉行和子さんはいらっしゃいましたけど、基本的には男所帯でした。すごく居心地がいいところでした。男の集団の心地よさというか……よく小説や映画で『次郎長三国志』的世界が描かれていますけど、〝ああ、次郎長一家ってこんな感じなんだろうな〟というような居心地の良さを感じました。次郎長が石原さんで、大政がもちろん渡さんで、小政は、まさにコマサ（小林正彦元専務）がいるわけです（笑）。その後にスタッフらと軍団が続いて。僕の中で〝ああこれ、次郎長一家なんだろうな〟というイメージがすごく強くありました。現場の統率者はやっぱり渡さんでした。現場では渡さんにみんなが付いて行っている、という印象でしたね。

その渡哲也との『西部警察 PART-II』出演決定時のご挨拶を具体的に聞いた。

三浦　渡さんへの最初のご挨拶も、やはり現場だったと思います。日活でご挨拶して以来の撮影現場で渡さんにお会いしたときに初めて正式にご挨拶したのだと思います。最初はどうだったんでしょうかね……それも忘れてるなぁ。ロケの撮影が始まってからは、その日の撮影が終わった後、毎晩のように一緒にお酒を呑みましたし、渡さんの撮影が空いたときも皆を呼んで、ご飯を食べたりとかしていました。渡さんのお宅にも皆で何度もお邪魔をしたりして。だから毎日が楽しくてしょうがなかったんです。そんな現場は過去にありませんでした。

渡さんと呑んだのは主にロケ先ですね。何しろ地方ロケが多かったもので。その日の撮影が終わり、夕食を済ませたら渡さんの部屋に全員集合です。毎晩集合して、最後に舘さんがひとり残られて……みたいなパターンでした。舘さんは言われなくても残るんだな、と、そのとき思いました。当時、渡さんと舘さんの

絆みたいなものがすごく強くて。それはもう傍《はた》から見ていても分かりました。

舘ひろしご本人のインタビューでは〝酒席のあと、渡さんに呼び止められて〟という言い方だったが、それは舘一流の〝照れ〟の表現で、実際には双方暗黙の了解だった事実が三浦の口から伝えられた。

その舘演じるハトこと鳩村英次とオキは回を重ねるにつれ名コンビぶりを発揮するようになる。渡に続いて舘との事を具体的にお話しいただいた。

三浦　舘さんは最初、何も喋らなくてムッツリとしていましてね。お互いあまり話をしなかった。『PART-II』第1話の撮影が終わったときぐらいかな？ 突然傍に来て、「どうよ、この現場は？」と、ボソッと言われて。「いやまぁ……（笑）」という会話をちょっとしました。それを憶えています。それから暫くしたら、公私共に仲良くなるんですけどね（笑）。

当時、アメリカのテレビドラマで、コンビで活躍する刑事ドラマがあったんです。『刑事スタスキー＆ハッチ』（77年）というドラマがあって、それをテレビで観て、舘さんと「こういうのやりたいね」と、お話ししました。〝『スタハチ』でやりたいね〟という話を舘さんとしていて、それが沖田と鳩村の関係性に発展し、後々『あぶない刑事《デカ》』（86年）にも繋がったんですかね？ よく分かりませんけど（笑）。ただ、いつか『スタスキー＆ハッチ』みたいなドラマを二人でやりたいね、という話は当時現場でよく、舘さんとしていました。

なんと、オキ＆ハトコンビの原点が『刑事スタスキー＆ハッチ』だったとは？ それでは、舘以外の〝大門軍団員〟の印象も聞いてみよう。

三浦　峰さんも御木裕さんも前シリーズからの出演でしたよね？ なので最初の内は現場の雰囲気を教えてもらったりしました。峰さんとは歳も学年も一緒なので、そういうことではいろいろとアドバイスをしていただいた記憶があります。「そんなに緊張しなくても大丈夫ですよ」みたいなことをおっしゃっていただいたこともありました。御木さんはよく、撮影の合間にか極真（空手）の殺陣の練習をしていましたね（笑）。やはり峰さん同様、あのままの方です。

全国縦断ロケでは名古屋が一番印象に残っています

この辺で『PART-II』の売りの二番手、日本全国縦断ロケーションシリーズの話題に話を移した。三浦が一番印象に残っているロケは、静岡、広島、北海道、愛知（＋三重）のほか、いずれだったのだろう？

三浦　名古屋（愛知県）ですね。〝名古屋のこんなところでやっていいのか？〟という場所で、あんなイベントやって、今だったらネットで総叩きでしょうね（苦笑）。僕が番組を去ってからも結構大きなイベントがいっぱいあったみたいで。本当に全国縦断ロケはもう地方の一大イベントでしたからね。

実際に各イベント会場には何万人も集まり、パレードみたいな事までして舞台で挨拶はするし……「この大通りをこんなふうに使えるんだ⁉」と、カーチェイスにびっくりしたりしました。東京では絶対にできない事がいっぱいありました。

煙突を倒すとか船を沈めるとか市電を爆破するといったそういう事も含めて、当時はちょっと感覚が麻痺していました（笑）。他ではあり得ないこと、映画でも絶対にできないことが次々と起こってくるので〝すごいな〟と。夜の大宴会のスケールもスゴイ。あれはなんだったんでしょうね？ 本当に……。映画でもそんな事はやらなかったし、地方に行ったら宴会をするのが当たり前。それも大宴会場で、車輌部から技術スタッフ全員合わせると平気で200人を超えるので、唖然としましたね。石原プロの忘年会にも二度ほどお邪魔しましたけど、やはり同じような感じでした。

では、三浦自身がそんな『西部警察』人気を体感したのは、やはりロケ先で行われたセレモニーだったのだろうか？

三浦　そうですね、日本全国縦断ロケーションがスタートしたときに参加したので、そういう事になります。〝これだけ人が集まるんだ〟という事を実際に体験しましたので。僕が参加したセレモニーでは石原さんも渡さんも歌われてはいませんでした。僕が卒業した後のセレモニーの事は分かりませんけど。セレモニーは無料でしたが、当時、仮に有料でもこれくらい集まったかもしれませんね（笑）。

〝『西部警察』と言えば爆破〟と印象付けたのも、この『PART-II』に全国縦断ロケーションシリーズ時のことだろう。その渦中にいた三浦に、一番印象に残った爆破シーンを聞いてみた。するとやはり意外な言葉が返ってきた。

三浦　大きな爆破シーンの危険さは皆さんもご周知の事と思いますけど、通りすがりに車がドーンと爆発するといった、一見簡単に見える爆破シーンの撮影がじつは一番危なかったんです。現実に、澤田（幸弘）監督のときだったと思いますけど、車に爆弾が仕掛けられているという設定で、僕ら刑事がその車の横を通っ

たときに車が爆発して割れたガラス窓の破片が飛び散るというシーンがあり、撮影直前に澤田監督が察知されたんですよ。
　大平火薬の菊池（潔）さんがいつも安全にやってくださっていたのですが、そのときばかりは澤田監督が「これちょっとやばいから別撮りにしよう」とおっしゃったんです。「そちらの方向にしか飛ばない計算だから、こちらに立っていれば大丈夫」と、言われたんですが、実際に爆破したところ「大丈夫」と言われた方向に破片が全部行っちゃったんです。あのまま撮っていたら確実にガラスの雨を浴びて怪我をしていました。そのときのことが一番印象に残っていますね。ものすごい大爆発のときはもちろんすごかったんですけど、逆にそういうときはきちんと段取りをやっているので大丈夫だろう、と思いながら安心して撮っていました。澤田監督のカンに助けられたというお話で。爆破シーンに関してはその事が一番印象に残っています。

沖田刑事は『Ⅲ』の第6話で退場することになるが、その少し前から大門団長の妹・明子（登亜樹子）が沖田に淡い恋心を抱くようになる。沖田の悲劇をより一層盛り上げるための演出である事は想像に難くないが、当時、この展開を三浦自身はどう受け留めていたのだろう？

三浦　そんな設定でしたっけ？　いや、忘れてるなぁ。それはもう、沖田の終わりの方ですよね？　先ほどもお話ししましたけど、当初は半年契約だったんですよ。それで5か月過ぎたくらいのときに渡さんから「もうちょっとやってみないか？」と言われて10か月になったんです。そのときに僕も「余命半年って宣告されて、それで話が進んでいるのにどうするんですか？」と、お聞きしたら、渡さんがひと言「なんとかなる！」っておっしゃって（笑）。それが『西部警察』なんですよ。渡さん、平気な顔をして「なんとかなる。任しておいてくれ！」って。僕は「あ、そうですか」と、それで引き続き『PART－Ⅲ』まで出演することになって。もちろんすごく楽しい現場だったので、3か月伸びるのは全く困らなかったというか、むしろ嬉しいことでしたけど。
　とにかく本当にやるのが楽しくて、延びるなら延びてもいいなぁっていう10か月間でした（笑）。

ラストシーンの撮影後、酔った澤田監督が踊る姿が可笑しかったです

結果、沖田は半年のはずだった余命が10か月に延びたとはいえ、やはり余命が迫り、自らの死期を悟ってなぜか分からないが、雪原に姿を消して行く……雪のシーンということもあり、ここだけ別班

大門軍団のアクションは、撮影直前に段取りはあったものの、あとはぶっつけ本番だった。

が組まれ、後日別撮りされたという。その秘話をうかがいつつ、沖田の生死について、三浦自身の見解も聞いてみた。

三浦　笑っちゃいますよね（笑）。なんで雪原なんだ？って。誰が考えたんですかね？あのラストシーンを撮られたのは澤田監督でした。石原プロのメインスタッフと少人数で……10何人ぐらいかな？そんな形でロケに行きました。ただ後ろ姿を撮るだけだったんですが、長野の方に行きました。僕の知り合いのペンションがあるので「夜は全員でそこに泊まりましょう」と、ご提案して、皆で一泊して大騒ぎして呑みました。澤田さんも上機嫌で踊られて。難しい顔した方なんですけど、酒を呑んですっかり愉快になって踊られたんですよ。もう可笑しかったな（笑）。「安い所なんで僕が持ちますから」みたいな話をして、ペンション代なんて大した事ありませんでしたから僕が払って。みんなで呑んで大騒ぎをして……それが僕の『西部警察』の最後でした。

　おかしな話ではあるんですけど、でも「なんとかなる！」でなんとでもする（笑）。渡さんのひと言があればなんでもやれちゃうんです。だからその〝淡い恋〟という設定も、急に出てきたのはそういう事なんです。〝何かちょっと膨らませないと……〟という3か月間だったのだと思います。荒唐無稽さが売りの『西部警察』だからこそできた事でしょうけど。

　沖田の生死については観ている方の判断でいいと思います（笑）。いろいろな想像が浮かぶ事を楽しんでいただければ本望です。

八名信夫、鹿内孝、黒部進、それに亡くなられた阿藤快ら〝毎度お馴染み〟の方々も含め、ゲストで印象に残った方とのこんなエピソードがある。

三浦　阿藤快さんは映画でも共演していましたし、普段とても優しい方だったので特に印象に残っていますね。大杉漣さんのように急逝されてびっくりしましたけど。八名さん、鹿内さん、黒部さんは他のドラマでもよくお会いしていました。

　あと『PART-II』第27話にゲスト出演された松本伊代さんの事はよく憶えています。撮影の合間にどこかの民家を借りていて、そこで待機していたんですけど、目の前に松本伊代さん、当時のアイドルの女性がいるので、〝ああ、この子が松本伊代さんか〟という感じでみんなで彼女を見ていた。男の集団の中に、急に所属事務所の命令で行かされているだけですから。彼女には話す言葉もないですよ。当時、彼女が17歳でしたから、何かちょっと可哀想な印象でした。だからというわけでもないのでしょうけど、現場ではひと言も喋っていません。彼女も緊張していたと思います。

それでは今現在、特に印象に残ったお話や記憶に残るエピソードなどはあるだろうか？

三浦　どれも強烈過ぎちゃって（苦笑）。強いて言えば1話目です。自分が登場したとき、石原裕次郎さんやみなさんと目を合わせるんだ、という緊張感がありました。そして実際の撮影中は渡さんと一緒に動くとか渡さんと一緒に撃ってるとか、あの世界の中に溶け込んでる自分がいることのワクワク感を感じました。でも、どちらかというと不安の方が大きかったですけど。

『西部警察』と言えばガン・アクション。沖田刑事の専用銃、S&W M29 マグナム6・5インチ／S&W M36 チーフスペシャルにまつわるエピソードもうかがった。

三浦　あれは寺尾さんが使ってらした銃なんです。銃身の長いもので（編注：S&W M29 マグナム8・3／8インチ）。途中で使いづらくてしょうがなかったので、「短いものに変えてください」とお願いして何話からか忘れましたが、短いもの（編注：S&W M29 マグナム6・5インチ／S&W M36 チーフスペシャル）に変わりました。こだわりで、団員それぞれが持つ銃の音まで特別に作られたんですよ。持ってる銃の全部が全部、特徴があるので、〝これが沖田用の銃の音〟といった感じで。僕的には、あんな長いものをここ（ズボンの後ろポケットを指差されて）に入れてなきゃいけないときがあり、アクションに支障を来すようになってきたので変えていただいたのです。

銃のさばき方の訓練や練習などは特に何もしていません。でも、銃に関しては抵抗がなかったなぁ。『西部警察』は担当されませんでしたが、トビー門口さんという銃の専門家の方がいらして。村川透監督の『獣《けもの》たちの熱い眠り』（81年）という映画があり、それで僕がガン・アクションをやらせていただいたときに「構えて撃つときの、その構えだけでちゃんと銃が扱える人かが分かる」とおっしゃっていました。それをトビーさんに認めてもらえたときは嬉しかったですね。だから全然抵抗がなく撃てる。父が警官だったせいかな？……ってそれは関係ないですけど（笑）。

マシンRSの乗り心地は快適でした

『PART-II』ではスーパーZ、マシンRSという『西部警察』ワールドのスーパーカーが2機、同時デビューを果たす。この未来型スーパーマシンについて、三浦は当時、どう思っていたのだろうか？ 乗車の感想と併せて語っていただいた。

三浦　日産と提携していましたからね。僕は最初、赤い車、マシンRSでしたね。あの車が初の特殊車輌だと思ってたんですが、あれの前にもあったんですね。マシンRSには実際にいろいろな物（装置）が付いていて面白かったですよ。中からちゃんとスピーカーでアナウンスできたりして。乗り心地もすごく良かったです。石原さんも渡さんもキャンピング・カーというより、もっとでかい専用車で現場にいらしてましたけど、あれも全部日産製でしたからね。

当時、『西部警察』の放送を三浦は観ていたのだろうか？ テレビなので特に出演者用の試写は行われないので、放送録画でご覧になっていれば、と聞いてみたのだが……。

三浦　あの頃、自分では『西部警察』を観ていないんですよ。録画が当たり前の時代ではありませんでした。録画機はありましたけど、録画して何かを観るという事が習慣になっていませんでした。それと、自分が出ている作品は観ない主義だったので、それもあって『西部警察』も観ていませんでした。1本か2本は観はしましたけど、それも自分の芝居やアクションの確認のためです。だからちゃんと観たのはDVDが出てここ何年かです。DVDをいただいたのでチラチラと、〝ああ、こんな感じだったんだ〟という感じで観直しました。

〝朝起きたとき腹筋1回〟舘から聞いた体づくりの秘訣!?

この頃、連日のハード・アクションに対してコンディションはどういう感じで調整されていたのだろう？ 〝体づくり〟の秘話をうかがったのだが、こちらも意外な答えが返って来た。

三浦　まったく気にせず何もしていませんでした。舘さんも何もやっていませんでしたよ。「何か運動してる？」と聞くと、「ああ、起きるとき腹筋1回な」とか言って（笑）、そんな感じでした。僕は高校のとき柔道部だったんですけど、そういう経験の自分の中の蓄えでずっとまだやって来られたときでした。30ちょっとぐらいまではそれでいけましたね。だから爆発のときにボーンと飛んじゃうのも平気でしたし、受け身も充分できました。舘さんはラグビーをやられていたからこその受け身もできていましたし。それでも〝ヘリにぶら下がる〟というアクションはその蓄えだけではできない事でしたけど（苦笑）。ぶら下がってみて初めて分かる事があって、縄梯子みたいなものは、壁に付いているから登れるんです。要するに、摑まって足をかけると紐がしなって足がかけられなくなります。そうすると体重全部が腕にかかってくるという事をそこで初めて知りました。何かあったときに落っこちてはいけませんから、腰の周りに一応、カチャッと命綱を付けます。でも、苦しくて結局それも取りました。なので本当に腕だけで摑まっていましたね。

最終的にはもうみんな、〝爆破したときに一番最初に逃げる奴が一番ダメ〟みたいな感じになっちゃって。ダーッと逃げるときに、より後ろに……という事を競うようになったりしてね。みんなでずいぶんバカな事をしていましたよ（笑）。

石原裕次郎、渡哲也、舘ひろしを中心とした「男の世界」に三浦友和は魅せられた。

それで爆発した瞬間には一番派手に飛ぶ、そんな事をみんなで競い合ったりして。

渡さん、小林専務の陣頭指揮が『西部警察』を支えていました

アクションは自分から積極的にされたのだろうか？　それともケース・バイ・ケースで臨機応変に対処されたのだろうか？　当時の三浦の、スタントやカーアクションについてのスタンスをお聞きしてみた。

三浦　僕の場合はそんなに強烈なスタントはなかったです。ただ永野さんにやっていただいたのは、ヘリコプターの縄梯子につかまってものすごく遠くまで運ばれたことくらいですか。あとは車は三石千尋さんチームのどなたかがやってくださいました。沖田が運転する車で、顔が見えないようなアクションは大友千秋さんがやってくださったのかな？　あの人たちは常に命を賭けてらっしゃいましたね。本当にスタントがすごかった。とにかく、〝今日一番の危険なスタントをやる〟というときは朝から軍歌を歌っているんです。本番までずーっと。自身を高揚させて……そういうふうにしないと不安で押し潰されそうになるそうで。あんなごつい顔をされていますけど、だからスタントの人はすごいなと思いました。僕らはスタントをする直前の彼らの姿を見るじゃないですか。自分の代わりを演ってくださっているわけだから、それはもう本当に手を合わせるというか……成功したときには拍手する。そんな感じです。本当にあの方たちはすごかったですね。

　日活は昔、小林旭さんを始め〝そういう事〟をどんどんやっていたという逸話がそれこそ伝説的に残っているので、そんな影響もあるのかもしれませんね。〝スタントを使わないのがかっこいい〟みたいなそういう変な風潮があったようです。トム・クルーズもやっちゃってますけど、あれも相当な安全策を練ってからの事ですから。

　『西部警察』の現場で言えば、小林専務と渡さんの、それぞれの陣頭指揮力の高さ、安全管理が大きかったと思います。〝あそこで一歩気が緩んだらダメだった〟という瞬間も多くありましたから。

　そこを、全部を集中させて持って行く力がなければ絶対に大きな事故が起きていたと思います。その集中させる力が小林専務であり渡さんの存在そのものだったと思っています。

小林専務と言えば、各種爆破のタイミングや、何より伝説の〝お化け煙突〟が倒れる瞬間を予言した事で、舘にとっては強烈な印象を残す事になったそうだが、では、三浦的には〝煙突倒し〟はどう受け留めていたのだろう？

三浦　特にこの〝煙突倒し〟ひとつをとってどう、という思いはないです。他にもいろいろあり過ぎて（笑）。とにかくロケで借りている所を爆破したりしますからね。普通のレストラン（編注：『PART-II』第37話に登場する「ステーキのあさくま」）とかまで。〝こんなことするんだ!?〟と、思って当時は驚きましたけど。普通のドラマのロケで借りている所を爆破するなんて他社では絶対にあり得ません。でも〝なんでもアリ〟で滅茶苦茶楽しかったですよ。今ではCGでなんでも

できちゃうんで、ああいう生のものが逆に今観ると迫力を感じなくなっちゃってるんですね。

あの当時の事がみんな緩く見える時代になってしまったので……それがちょっと悲しいかな。

渡さんは大門団長そのものでした

ここでお話を石原裕次郎、渡哲也に戻して……まずは渡の事から。やはり渡哲也は三浦にとって大門団長そのものだったのだろうか？ ストレートにうかがってみた。

三浦　団長そのものでした。地方ロケでも、裏道とかそういう道路での使用許可を取って撮影していたんですけど、そこで爆発シーンを撮り終わった後、燃えている車を消火したあと最初に片付け行くのが渡さんですから。いの一番に、渡さんがどかしにかかるんです。すかさず我々も車を押しに行く。先頭に渡さんがいる。「押せ押せ押せ～～！」と、みんなで行くわけです。だから本当に〝渡さんについて行った〟というのが『西部警察』ですよね、間違いなく。〝男が惚れる漢《おとこ》〟というものを初めて間近で見たという印象でした。

朝も渡さんは1時間前ぐらいには必ず現場に入ってらっしゃっていました。僕らはそれより早く行かなきゃいけませんから、時間に遅れるなんてまずないです。そういう現場でした。

舘や峰同様、三浦も撮影の合間に渡から演劇論や役者論、そして将来的な事などそういった話をされたりはしたのだろうか？

三浦　これについては舘さんが語り尽くされていますけどね。「芝居なんかどうでもいいんだ」、「芝居なんか上手くならなくていいんだ」という事をずっとおっしゃっていました。もちろん言葉通りにとってはダメで、違った深い意味があるんですけどね。やっぱり石原プロはすべてが〝スターシステム〟なんです。〝仕事は自分から売りに行くものじゃなくて来るのを待つ〟が、石原プロのスタンスです。

特定のマネージャーがいない代わりにスタッフ全員が石原プロですから、俳優さんは全員に守られている感じがしました。

渡さんとは家族ぐるみのお付き合いをさせていただきました

三浦は1980年11月19日、歌手・女優の山口百恵と結婚。『西部警察PART-II』は結婚後初の本格アクションドラマのレギュラー、しかも石原プロ製作の超人気話題作という事で、当時、三浦の番組レギュラー入りは大いにマスコミを賑わせた。このドラマ出演をきっかけに三浦は、渡家と家族ぐるみのお付き合いをしていくことになるが、それも必然の流れといえよう。そこで渡とのプライベートな〝呑み〟についてや、渡（編注：本名渡瀬）家とのお付き合いについてもうかがってみた。

三浦　渡さんはずっとお酒を呑まれなかったのですが、ちょうど僕が入った頃に呑めるようになられて。お酒を呑むと心臓がドキドキしたり、湿疹ができたりするアレルギー体質だった方が、ある日突然呑めるようになるケースがあるんです。渡さんはその典型的なパターンで、ある日突然呑めるようになられたそうで。渡さんはお酒を呑むと楽しくなるタイプでした。毎晩毎晩人を集めて騒いじゃうっていう（笑）。もちろん騒ぐと言っても大騒ぎはしませんでしたけど。そんな時期でしたね。

　そんな風に呑んでいるときに渡さんが「なんかかったるいときがあったら、電話してくれりゃ休みにしてやるぞ」

　なんておっしゃって（笑）。もちろん、決してそんなことはしませんでしたよ。もちろん渡さんご自身もされませんし。なんですけど、そういうことを平気でおっしゃる人で……本当に気さくというか、楽しかったです。でも渡さんと2ショットはありませんでした。飲み会には必ず何人かいて。

そんな公私にわたってのお付き合いの際に、渡から言われた言葉で印象に残ったのは何か聞いてみた。

三浦　〝すごく身近にいながらなんでこんな素敵な人がいるんだろう〟と、ずっと心の底で思っていたので、具体的なお言葉で何かというより、僕にとってはもう、渡さんの存在自体がすごかったという印象です。『西部警察』が終わってからも親交を深めさせていただきましたし、夫婦で渡さんのご自宅に伺ったり、子供が出来てからは子供を連れて行ったり。我が家にいらっしゃったこともあります。舘さんとお二人でいらしたこともありました。渡さんの奥様もいらしたり。家族ぐるみのお付き合いをさせていただいていました。

裕次郎さんは僕にとっても何か特別な存在でした

渡は三浦にとって公私共に大門団長そのものだった。では石原裕次郎は彼にとってどういう存在であったのか？　そして今だからこそ話せる秘話も併せてうかがう。

三浦　特に、日本中の大注目で大事件だった大病（大動脈りゅう）を克服され、ほぼ元気になられたという事をものすごく皆さんも喜ばれて。その時期に入って行きましたから、もう既に石原裕次郎さんという方は特別な存在に見えていました。今までの銀幕の大スター、昭和を代表する大スターという見方から、〝あの時を乗り越えた方〟という違った見え方がしている時期で。そういうオーラがあるというか、そんな〝特別な方〟でした。ロケ現場にもそんなには来られなかったんですけど、大きなイベントのときには必ずいらっしゃって。本当に気さくにいろいろなことを話しかけてくださり、僕が結婚してからは、ハワイのお宅にもお邪魔したことがありました。

　僕が日活で〝コンビ映画〟を撮り始めた頃にはまだ日活の撮影所自体が昔のままだったので、〝日活銀座〟という、銀座を模したセットもまだありました。僕らが一番最後にそこでロケをしたのだと思います。そんな由緒あるセットを使ったり、今マンションが建っている所は全部駐車場で、違うステージがあって。食堂の真ん前には移設した俳優会館もありました。僕は1972年ぐらいに初めて日活に入って、'73、'74年とずっとお世

話になりましたけど、まだスタッフも日活映画の全盛期に活躍された方が残っていらして、〝裕ちゃん、裕ちゃん〟と言える人たちがいっぱいいました。「ここが裕ちゃんの楽屋でここにいて、窓から出るんだよ。だから階段を作ってやったんだよ」、「昼飯は必ずビールを呑んで……」など裕次郎さんの昔話をいっぱい伝説的にうかがっていたので、僕にとっても伝説の方という印象でした。ただ、〝日活で一番すごい人〟という事だけは分かっていて、僕は映画青年でもなんでもなかったので作品自体は公開当時、観ていません。それなのにリメイク映画を2本も出演させていただいたり……不思議なご縁は感じました。

三浦友和は『西部警察』出演から21年後の2004年に、テレビ朝日系で放送されたスペシャルドラマ『弟』で石原裕次郎役を演じた。

日活映画の魅力が生きていたのが石原プロでした

石原裕次郎、渡哲也についてじっくりおうかがいできたので、今度は当時の現場、特に石原プロモーション自体の雰囲気や、日活撮影所での撮影の雰囲気・空気感をお聞きしてみた。

三浦　ドラマの制作スタッフも全員石原プロの社員でした。厳密には全員ではありませんが、メインスタッフは全部石原プロでした。それ以前に僕は東宝作品にも出てはいましたけど、初めて日活に行ったときにそれまでの映画界に対する概念が変わりました。石原さんも渡さんも大きな車で来てはいましたけど、石原さんは自分用に用意してあった撮影所の大型車には乗らずに、普通にスタッフの車の助手席に乗り込んで「おはよう」なんて気さくにご挨拶をされて。だから縦社会ではあるのでしょうけど、皆が上を恐がっている様子はゼロです。映画界には、みんな上が恐いから従っているという図式が少なからずあるじゃないですか？石原プロは、そういう事がまったく無い縦社会ですよね。皆が信頼し合っていて、仲間……というとちょっと失礼になりますけど。もちろん俳優からスタッフから一人ひとりを尊敬・尊重している形があって、しかも皆さんが石原さんと渡さんを大好きで。極端なことを言うと〝この人のためには死んでもいいぞ〟という、そんな熱い想いを肌で感じましたし、今度は渡さんと舘さんの関係がそんなふうになっていってるんだろうな……という事を『西部警察』を卒業してから感じていました。じつに居心地のいい場所でした。

こういう居心地のいい映画界、昭和30年代にここにいられたらな……と、ちょっと憧れましたね。〝昭和30年代の日活にいたかったな〟って（笑）。その時代に俳優になれたかなれないかは別にして、〝こういう所で仕事をしていたらすごく楽しかったろうなぁ〟と、思いました。日活がすたれたあと、日活の一番素敵な魅力を残していたのが石原プロだったのかもしれません。要するに〝石原さんと渡さん〟という事ですよね。このお二人が創り上げた大きな魅力なんでしょう。お互いにすごく尊敬しているんだけど、「あの、すいません、ちょっと話があるんですけど」と、言ったら簡単に相談に乗ってくださるような方たち……というね。

大変お聞きしづらい質問ではあったが、やはり聞かざるを得ないのでおうかがいした。渡さんの訃報を耳にした際の印象を……。

三浦　それはもうショックでした。ここ何年もですけど、ネットのニュースを見るのがすごく嫌でした。〝いつかそんなニュースが来るんじゃないか〟とずっと思っていたので……そんな妙な予感がありましたね。だいぶ体力が落ちられているという噂だけは聞いていましたので。〝ああ、とうとうこんな時が来てしまったな〟という想いでいっぱいでした。また、石原プロを畳まれるタイミングで、それをきちんと終えられてからというのが本当に渡さんらしいというか。葬式のときにも、どなたからもお花も受け取らずに……という生き方など絶対に真似できません。今この時代だからでなく、こんなコロナ禍じゃなくてもあの方はそうしたんだろうなと、思います。高倉健さん、菅原文太さんもそうでした。そんなスターの方たちが皆、引き際というものをものすごく大事にされたことが感慨深いですね。

結局、渡さんと一番最後にお会いしたのは日刊スポーツ映画大賞の授賞式（編注：第22回・助演男優賞〔09年〕）になります。そのときに渡さんのいるテーブルの所に行ってご挨拶させていただいたのが最後ですね。場所はホテルニューオータニでした。

三浦は2004年にテレビ朝日系で5夜連続で放送された、開局45周年記念スペシャルドラマ『弟』で、なんと、石原裕次郎役を演じた。この世紀の大役のキャスティング秘話を三浦自身が語ったので、お伝えしたい。まさに、俳優・三浦友和しか話せない、秘話中の秘話だ。

三浦　『弟』がちょうど僕が52歳のときです。渡さんからいきなり電話がかかってきて、「事務所から、『弟』というドラマを製作するので裕次郎さんの役を三浦さんに演ってもらえないか？という相談が俺のところに来てる」と言われて、すぐにお断りしたんですよ。そんな事はとんでもない話じゃないですか？もちろんその前に事務所経由でも一度お断りしているんですけど、その後に渡さんからお電話がかかって来て、いろいろな事情をすごく具体的に素直にお話してくださいました。いろいろな方々にあたり、最終的には自分の弟（編注：渡瀬恒彦氏）にもお願いして断られた。それですごくみんなが困っていて、会議の中で出た名前が……渡さんは僕の事を〝トモ〟と呼ぶので、トモの名前が出たんだよ。そうしたら皆が〝ああ、バランスがいいですよね！〟という話になった、だから最後の頼みの綱みたいになってるからやってもらえないか？と。「ちょっとすいません、2、3日考えさせてください」と言ってその場は電話を切りました。でも渡さんに言われて断れるわけがありません。それでお受けしたのがあの役でした。

最初にお断りした一番の理由は皆さんすぐお分かりになると思いますけど、お芝居で石原裕次郎さんを演じられるわけがありません。お芝居自体はできても、どうやったってオーラとかスター性を表現できるわけがないんです。だから当然、他の皆さんもお断りされたわけです。〝そんな大それたことはできないよ〟という事で。僕もお断りしたんですけど、渡さんから直電をいただいて……それで演らせていただきました。でも最終的には〝演らせてもらってよかった〟と思っています。

具体的に全部今までのいきさつを話す、という行為は人間、なかなかできないことです。渡さんは〝何がなんでも君に演って欲しい〟ではなくて、〝みんなに断られたんだ〟と包み隠さず話されて。何10人じゃないけど何人かに既に断られている、そういう事まで話してくださる事はなかなかないですから。俳優にとって2番手3番手4番手……というのは本来屈辱です。だけどそういう事も含

渡哲也の存在のすべてが、三浦友和を役者として大きく成長させた。

めて全部あからさまにしてくださった上で、〝あなたのお名前が出て皆がバランスが取れているという話になったから、ぜひ演って欲しい〟という、それはもう断れませんよ。渡さんという方は、そういうお話ができる方なんです。

最後にファンの方にメッセージをいただいたので、その言葉をお伝えして締めくくろう。

三浦　どのくらいの年齢の方が多いんですかね？ 40代、50代？ 確かにその年代の監督に言われた事がありました。突然話しかけて来られて、僕が〝昔、何か観てくださったのかな？〟と思ったときに「あの、『西部警察』で……」と、言われて〝あ、『西部警察』かぁ〟って（笑）。「あれを大好きで観ていて、いやぁ、お会いできて光栄です」と、おっしゃるので〝そういうものかねぇ？〟と、思いながらも〝そうか、自分の青春時代とか一番そういう事が記憶に残っていてインパクトがあった作品になっているんだ〟と思い直して。それはある意味、非常に嬉しい事ですよね。DVDになってますから過去の想い出じゃなくて今も観られますし。

自分は、もう今はアクションどころか散歩ぐらいしかしませんけど（笑）。今年の1月28日で古希（70歳）ですからね。楽しんでもらえればいいのかなぁ……それしかないですよね。繰り返しになりますけど、石原裕次郎さん、渡哲也さん、もちろん小林専務も含めて石原プロ総出で作った中に、ドラマの面白さプラス、この作品を本当に面白くしようという情熱とか人間的な魅力とか、そういうものがお芝居に全部出ています。あそこに出ていたレギュラー陣全員が〝石原さんと渡さんの事が大好き〟という、憧れと、プラス人間として大好きという想いが画面や芝居に全部出ているので、そんな魅力もあるのかな？と、思います。そういう事も改めて感じながらDVDなどで観ていただければ。本当に魅力的な大先輩の俳優さんたちにたくさんお会いしましたけど、このお二人だけは特別ですからね。

特に僕が一番接していた渡さんは、本当に素晴らしい方でした。いつまでも語り継がれていく存在の方です。

Profile

みうら・ともかず

1952年1月28日生まれ。山梨県出身。1972年俳優デビュー。1974年山口百恵との初共演作『伊豆の踊り子』で映画デビュー。1980年結婚。1982年『西部警察 PART－II』第1話から1983年「PART－III」第6話まで沖田五郎刑事役で大門軍団に初参戦。主な映画出演作品に『台風クラブ』『ALWAYS 三丁目の夕日』『アウトレイジ』『死にゆく妻との旅路』など。2012年紫綬褒章受章。

日曜日夜8時の国民的人気ドラマ『西部警察』PART-Ⅱ・PARTⅢ

沖田五郎×三浦友和「男の世界」お蔵出し秘蔵フォト！

1982年5月30日
－1983年5月15日

品川59
た 35-26
4VALVE DOHC RS

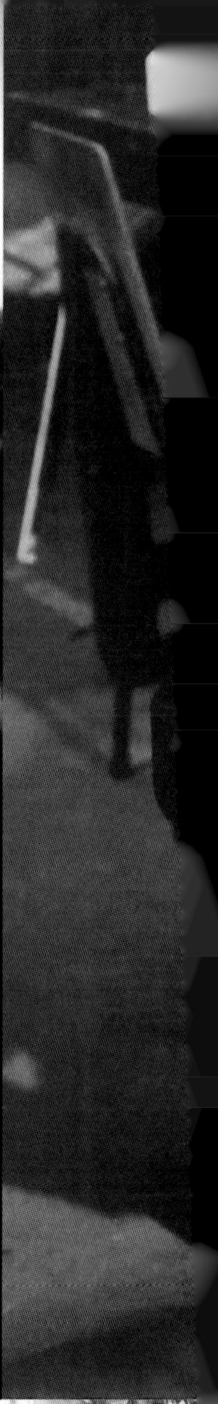

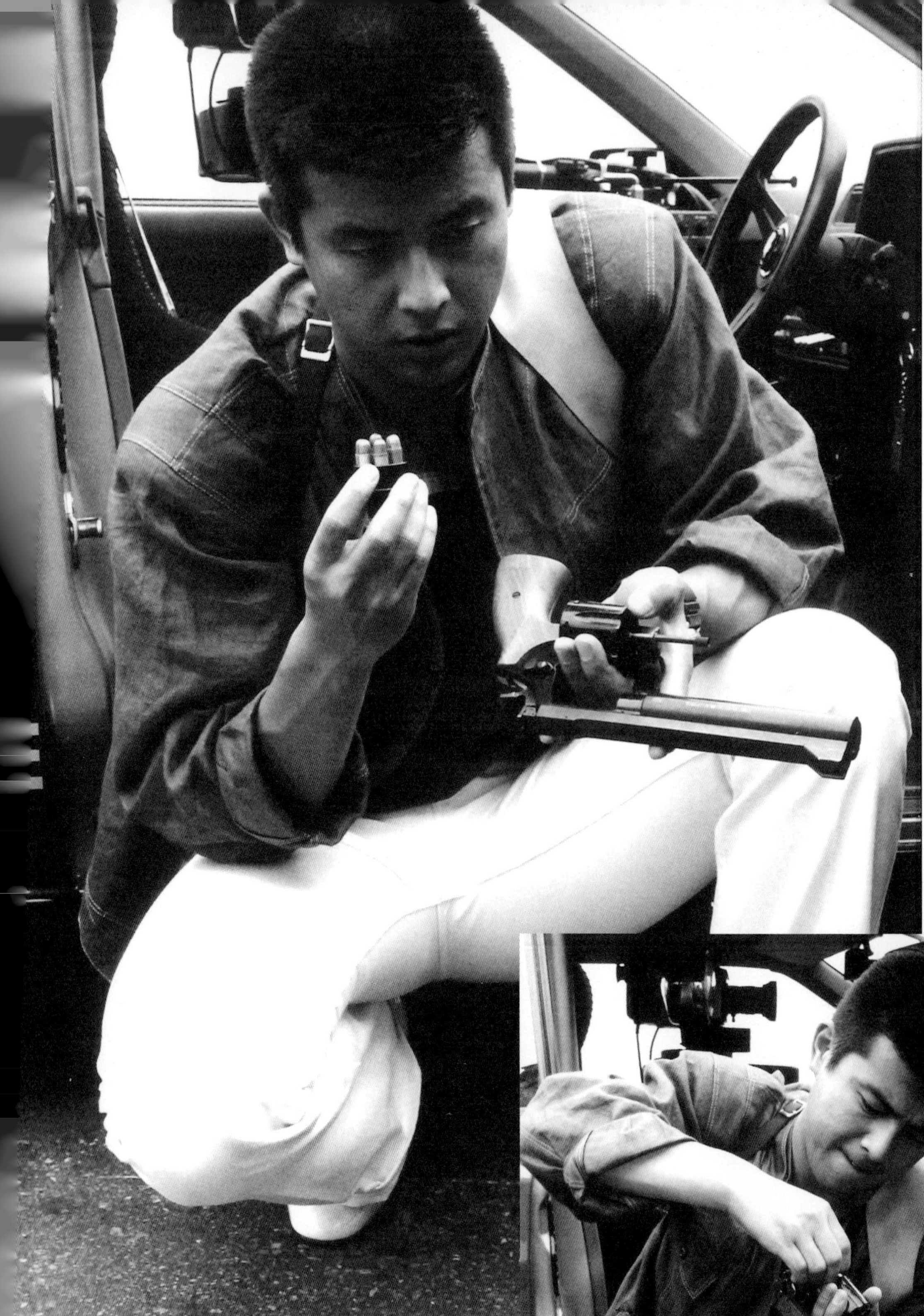

713
40-1090

13
40-1090

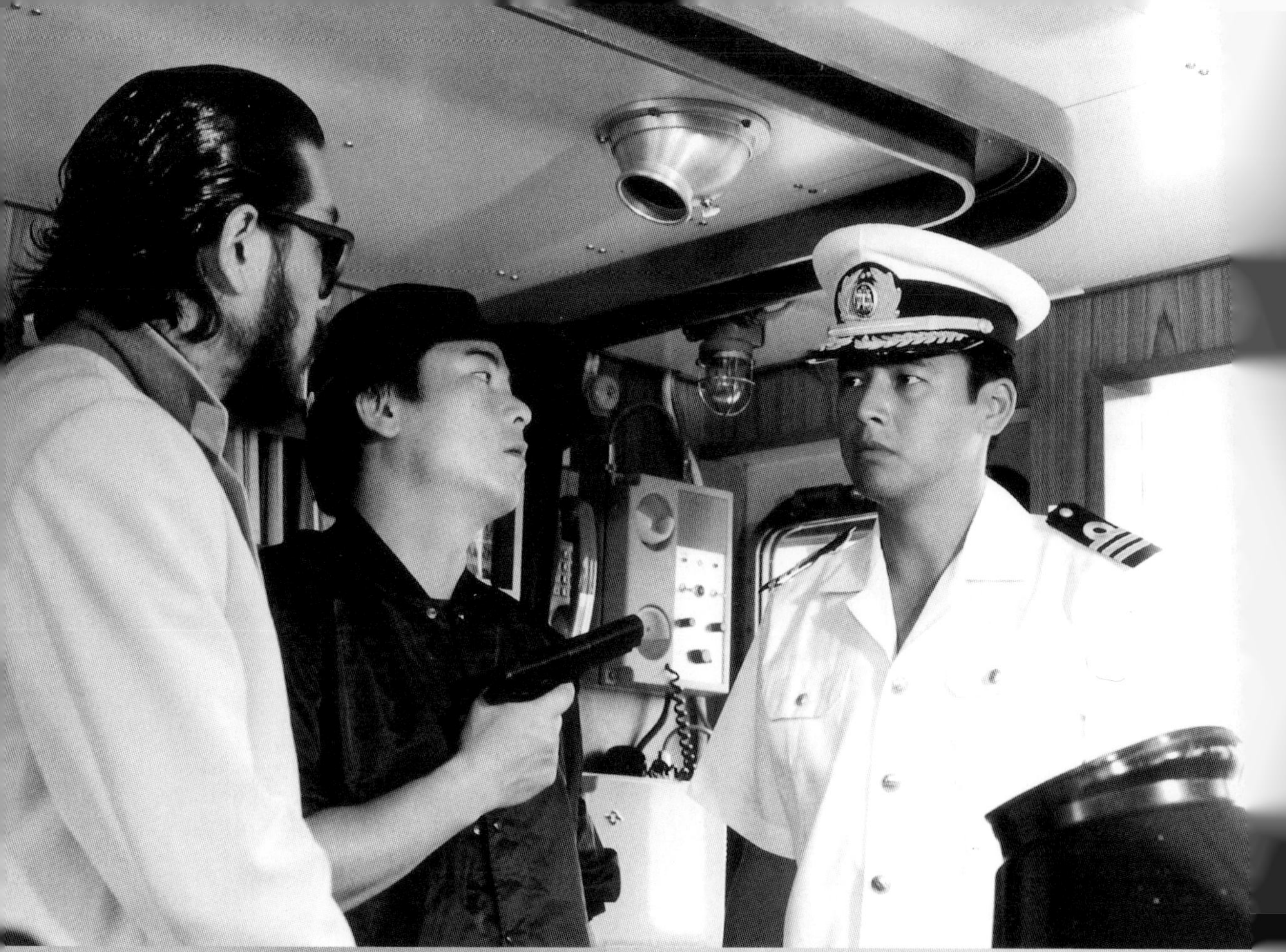

自家用

産業廃棄物最終処分積出
土
船

庁

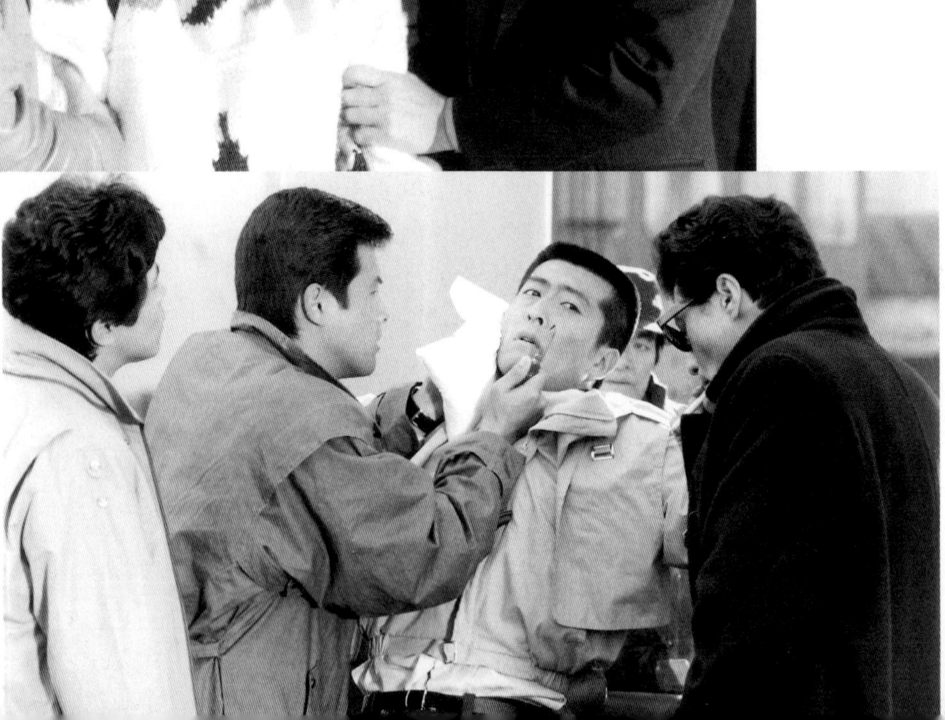

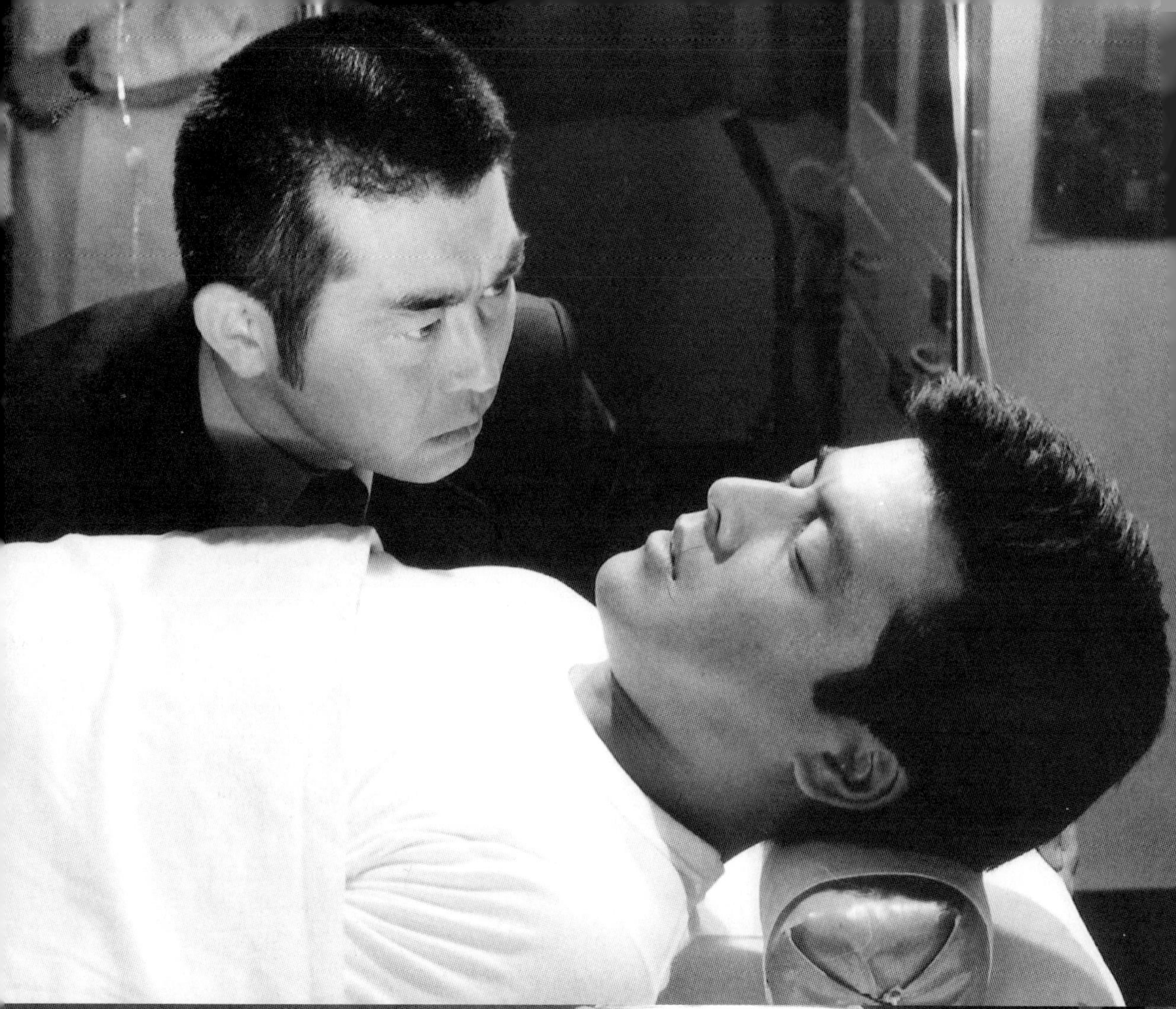

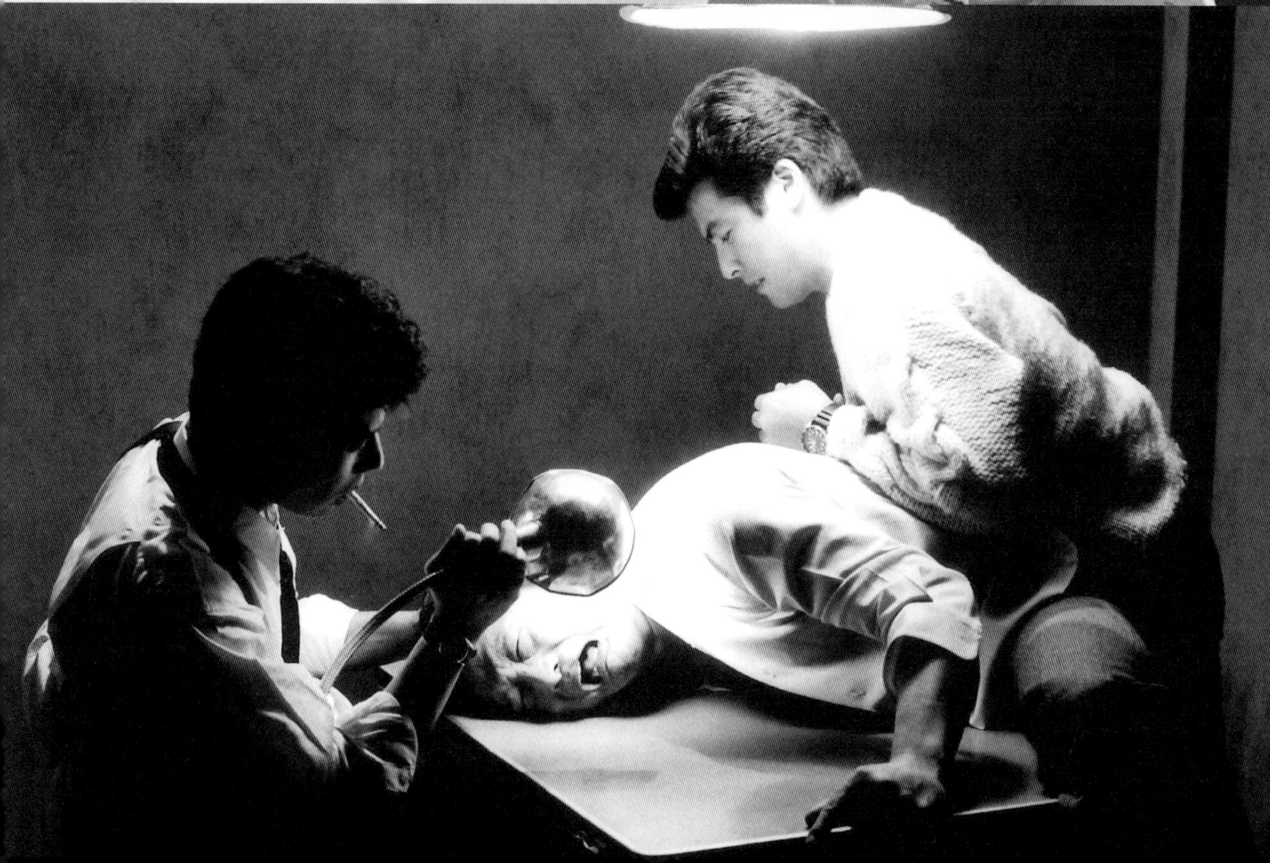

レコード・東急エージェンシー
石原組
清酒之精華
松竹梅

石原裕次郎・渡哲也・三浦友和――昭和のスター3人の〝絆〟を体現した沖田五郎は、今も何処かで生き続けている

1979年10月14日よりスタートしたコンクリート・ウェスタン『西部警察』は約2年半というロングラン放送を達成し、1982年4月18日に『PART-Ⅰ』が幕を閉じた。堂々たる大ヒット番組である。

その要のひとり、石原裕次郎が第88話の撮影中、大動脈りゅうという大病に倒れたことも大きかった。生死にかかわる大手術を終え、以後約8か月にわたる闘病期間を、渡ら残された出演者とスタッフたちは裕次郎不在で乗り切った。裕次郎の〝闘病〟を知った視聴者・ファンの惜しみないエールは国民的な運動にまで発展。さらなる番組人気を押し上げた。『PART-Ⅰ』第124話で裕次郎は見事に番組に復帰するが、〝この機会に番組をリニューアルしよう〟との意見が内外から出たことは想像に難くない。それを後押ししたのが裕次郎の〝全国の皆さんにお礼がしたい〟のひと言だった。曰く「自分が病院のベッドで療養中、全国のファンから数え切れないほどの励ましのお手紙や贈り物をいただいた。その皆さんに今度は自分からお礼を言いに行きたい」というもの。かくしてシリーズ第2弾『西部警察PART-Ⅱ』（82年）最大の目玉、〝日本全国縦断ロケーションシリーズ〟企画が誕生した。そんな映像・プロモーション面での大仕掛けとは別に内容・キャスト面でのもうひとつの〝番組の売り（企画書には「最大の目玉」と記載）〟となったのが、人気俳優・三浦友和の参入と彼演じる沖田五郎刑事の〝悲劇のニューフェイス〟というキャラクター設定だった。

『西部警察』の名プロデューサーのひとり、石野憲助は既に石原プロのTVドラマ第1弾『大都会―闘いの日々―』（76年）の頃より、三浦友和・山口百恵W主演で大ヒットした、TBS系の『赤い』シリーズをライバル視しており、その魅力を自身がプロデュースする作品にも活かそうと考えていた。それが主人公・黒岩頼介（渡哲也）と妹・恵子（仁科亜季子）が背負った〝悲劇〟の設定だった。リニューアルを機に『西部警察PART-Ⅱ』にも同様の味付けを加えようと考えた石野は、新人刑事を大門の青年期、〝ヤング大門〟と想定。身内でなく刑事本人に〝宿命〟を託そうと考えた。その〝狙い〟に今度はメインライター（脚本家）の永原秀一と峯尾基三が共鳴した。二人も『西部警察』の企画起《た》ち上げ時に、大門軍団のイメージを新撰組に求めており、結局それが果たせなかったという心残りがあった。そこで永原と峯尾は新人刑事に新撰組の沖田総司をイメージ。苗字も〝沖田〟とし、そこに〝若き大門圭介〟の雰囲気を加味すべく、渡が青年期に演じた日活映画『無頼』シリーズ（68〜69年）の主人公・藤川五郎の名前を採《と》って〝沖田五郎〟とした。結果、警察大学出のエリートでキャリア官僚として将来を嘱望されながら、とある人質ろう城事件で、母子を助けようとして犯人の銃弾を腰に受け、その鉛毒で余命半年を宣告され絶望。半ば自暴自棄に警視庁きっての独立愚連隊である西部署・大門軍団入りを志望――という沖田の設定が誕生した。この秘密を知るのは木暮課長（石原裕次郎）と大門だけ、と設定され、木暮・大門・沖田の〝漢《おとこ》3人の絆〟が生まれることになり、いやが応にもドラマは盛り上がった。

ここでスタッフも予想だにしなかった〝化学反応〟が起こった。沖田と、ハトこと鳩村英次刑事（舘ひろし）の〝バディっぷり〟だ。渡を通じてすっかり仲良しになった三浦と舘のプライベートがそのまま作品に反映された形だったが、ややもすれば『大都会―闘いの日々―』のように家族で観るには少々辛い、暗いドラマになる事態を未然に防いだばかりでなく、『PART-Ⅲ』のハトと、大将こと山県新之助刑事（柴俊夫）に継承される〝バディもの〟という新たな魅力を生むに至った。

そして『PART-Ⅱ』〝第3の切り札〟として第15話に登場したスーパーZとマシンRSが、マシンX、サファリ4WD以上の人気を獲得。加えて浜名湖（静岡県）の客船、広島の市電、ついには名古屋（愛知）の煙突倒し等、演じる三浦自身が〝毎日がまるで夢のよう〟と語る大規模な全国縦断ロケと爆破が次々に展開され、いずれも高視聴率を獲得。番組人気は頂点を極めた。

だが、賢明なるスタッフは決して沖田の設定、彼の運命を忘れはしなかった。第30話では、死期を悟った沖田が婚約破棄した元フィアンセの麻生順子（水原ゆう紀）が登場。再びの別れが描かれ、沖田の哀しい宿命を視聴者に強く訴えた。さらに『PART-Ⅲ』序盤では大門の妹・明子（登亜樹子）が沖田に恋心を抱くが、病状が悪化。死が近づいたことを知った沖田が彼女の想いを拒絶。亜樹子が失恋を味わう――という展開も盛り込まれ、いよいよ沖田との別れが迫ったことを視聴者に告げた。

『PART-Ⅲ』第6話の事件解決後、沖田は大門と軍団に別れを告げ、何処か冬山の雪原に姿を消す。沖田を演じた三浦も、沖田の生みの親のひとり、脚本の峯尾も〝沖田の生死はファンのみなさんに委ねます〟と語る。あの後、奇跡的に病を克服し、人知れず大門団長のように活躍したオキの勇姿を夢想するのもファンなら一興だろう。文字通り沖田五郎は今も人々の胸の中に生き続けているのだ。

（岩佐陽一）

石原プロの流儀
石原裕次郎と渡哲也の哲学

あの大ヒット作品はこんな物語があった。

西部警察前夜

第3回

スタッフとの裸の付き合い

　裕次郎を頂点に戴き、渡とコマサが両輪となって牽引し、俳優もスタッフも一丸となって突き進んでいく。『西部警察』のヒットはストーリーの面白さや爽快感、ダイナミックな仕掛けにあることは言うまでもないが、石原プロ以外で、これだけの作品が撮れるだろうか。「石原軍団」と呼ばれる〝鉄の団結〟があって初めて成し得るものだった。

　石原プロは男の世界だ。下は上の者に逆らうことは許されない。だが、ヤクザ組織ならいざしらず、男の世界は本来、信と義の上に成り立っているものであって、強制されるものではない。理不尽な人間関係を強いられれば、さっさと辞めていくだろう。そういう意味で、石原プロには落伍者はいなかった。

　石原軍団の信頼関係とは、「みんな平等」という裕次郎の人生哲学にもとづく。

　昭和四十五年、映画『富士山頂』を石原プロで撮ったときのことだ。宿泊は登山客が利用する山の旅館なので、ホテルのように各部屋に風呂はついていない。大浴場といっても小さなもので、二十人ぐらいずつが順番ではいる。裕次郎は特別扱いを嫌うので、出演者やスタッフといっしょに入るのだが、身体を洗ったあと、なんと下着を手で洗いはじめたのだ。

〈すげぇ！　天下の石原裕次郎が自分でパンツを手洗いしている！〉

　これには居合わせた人間たちが驚いた。裕次郎クラスでなくとも、ある程度の大御所になれば、付き人が背中も流せば洗濯もする。それが当たり前の世界であり、裕次郎もそうしているものと誰もが思っていた。「社長が自分で洗濯」――という話はたちまちロケ隊に知れ渡り、この日を境に、幹部スタッフたちも入浴のときに下着を洗うようになったのである。

「そう言えば、こんなことがあった」

　とスタッフたちの語り草になっているのが、無精で知られる若手カメラマン。パンツを履いたまま石鹸をつけ、シャワーを浴びながらゴシゴシやっていた。

「お前、何やってんだ」

　と裕次郎がきくと、

「面倒くさいので、こうやってパンツを洗っているんです」

「しかし、それじゃ、汚れがよく落ちないだろう」

「いえ、大丈夫です」

　と言うなり、泡だらけになったパンツを脱いで、それを手ぬぐい代わりにして身体をこすると、

「どうです、社長。これで身体もパンツも両方きれいになりました」

　ニヤリと笑い、裕次郎は唖然としたという。

　裸のつき合い――それが石原プロであり、裕次郎以下、入社したばかりの若手スタッフもすべて平等だ。社長が百円のコーヒーを飲めばスタッフ全員、同じ百円のコーヒーを飲む。地方ロケの宿舎もそうだ。地方に行っても、スタッフは安旅館で俳優は一流ホテルというようなことはない。泊まるホテルも一緒なら、食事も同じ。すべてが平等なのだ。夕食は午後六時と決まれば、十分前には必ず全員が大広間に一堂に集合する。八十人

からいるスタッフの一人が遅れても食事は始まらない。この濃密な連帯感が作品を作りあげていく。裕次郎の信念であり、それを具体的な行動に移していくことが渡とコマサの使命であった。

あるロケ先で、ゲスト出演した売れっ子の男性俳優が、

「食事は自分の部屋でとるので、運んでもらってくれないか」

とスタッフに言ったことがある。

それを聞いた渡は、男性俳優の部屋に行くと、

「ウチは、みんなでいっしょにワイワイ言いながら食事するしきたりになっています。それにしたがっていただきたい」

丁重な言い方だったが、渡の凄味に男性俳優は思わず、「はい!」と姿勢を正して返事していた。男性俳優に悪気はなく、食事は部屋でとるものと思っていただけに、「石原軍団」のありようを目の当たりにして、驚いたり感心したりしたのだった。

そんなコワモテの一方で、ボスの裕次郎はゲスト出演者に対して、こんな細やかな気づかいをする。悪役で光る演技を見せる八名信夫は、自分のシーンの撮影が長びいたため、昼の弁当を受け取るのが遅くなった。

「すみません、弁当が冷めちゃいました」

スタッフが詫びて手渡す。

「いいえ、いいんです」

礼を言って受け取り、座り場所を探していると、

「八名さん」
と裕次郎が声をかけ、
「こっちの弁当のほうが温かいから。こっちを食べてください」
そう言って差し出した。
「とんでもない」

石原裕次郎と渡哲也の半端ではない気遣いはスタッフや俳優たちの信頼を厚くした。

あわてる八名に裕次郎は言った。
「僕は冷たいほうが好きなんです」
「そうおっしゃるなら」
八名は裕次郎の親切を無にしてはいけないと思い、ありがたく温かい弁当を頂戴した。このときの感激を、八名はいつまでも忘れなかった。

『西部警察』の快進撃を複雑な心境で見ていたのが、日本テレビ第一制作局長の井原高忠だった。井原個人としては〝裕ちゃん〟に拍手を送りたいところだが、組織人としては忸怩《じくじ》たる思いでいた。

〈『大都会』を手放したのは読みが甘かったのかも知れない〉

このことが、どうしても引っかかった。ゴールデンタイムにテレビ朝日でやるのはリスキーで、そのうちウチに帰ってくるという思いは、考えてみれば、そうあって欲しいという願望に過ぎなかったのではないか。自分は石原プロの力を過小評価していた——そんな思いにとらわれていた。

日本テレビ『西遊記II』は『西部警察』第五話にぶつけるようにして放送をスタートさせた。

堺正章（孫悟空）、夏目雅子（三蔵法師）、岸部シロー（沙悟浄）、西田敏行（猪八戒）ら前作と同じ豪華キャスト。前作の平均視聴率は20パーセントの大台にわずかに届かなかったものの、最終回は27・4パーセントと同シリーズ最高視聴率を達成。NHK大河ドラマの裏番組としては異例のこととして業界の注目を集めた。

その『西遊記』のPARTIIなのだ。『西部警察』の後塵《こうじん》を拝することはあるまい。日本テレビは自信をもって放送を開始したところが、視聴率が思ったほど伸びなかった。この時間枠に10数パーセント台は善戦と言ってよかったが、『西部警察』を組み敷くまではいかなかった。

「放送スタートのタイミングがまずかったかもしれません」

井原は上子専務に率直に告げた。

「向こうの初回にぶつけたほうがよかったということかな?」

「たぶん。しかし——」

「そうだな。向こうの初回と二回は装甲車レディーバードの話題でもちきりだった。編成上の都合もあったのだろうが、これを避けたのは賢明だったと思う」

井原がうなずく。日本テレビとしては、『西部警察』は話題がすぐに尽きて、視聴率は下降線をたどると読んでいた。これはメディアを含め衆目《しゅうもく》の一致するところで、装甲車を出したあとはどうするのか。刺激を追及することで視聴率を稼ぐのは遠からず限界がくるはずだった。

ところが石原プロはこれを見事に裏切った。第三話「白昼の誘拐」で、舘ひろしがテレビドラマ初出演として話題をさらい、第四話「マシンガン狂詩曲」はハデなアクションで視聴者の溜飲を下げ、第五話「爆殺5秒前」はストーリーがスリリングに展開するなど、『西遊記II』が始まったこの時点で、『西部警察』は茶の間に定着してしまった——これが、井原の分析だった。

『西遊記II』の視聴率は決して悪いわけではない」

上子が言った。

「はい。前回より劣るというだけで、健闘していると思います」

『『大都会』を手放したのは失敗だったのだろうか」

「是非を問うのは結果論です。テレ朝移籍は必然の成り行きだと私は思っています。ただ、誤算があるとすれば、石原プロは、少なくとも数年はウチに帰ってこないということです」

上子が吹っ切れた表情で、

「決断というのは難しいものだな。正しかったか間違っていたかは、常に後になってわかることだ。決断を下すときは冒険だね」

「石原プロも大きな決断を下しました。自主営業によるテレビ映画の製作が、正しかったか間違っていたかは、先になってみなければわからないでしょう」

石原プロは裕次郎、渡、コマサというトロイカが牽引し、多士済々の俳優とスタッフがそれをバックアップしている。成功するに違いないだろうと思ったが、井原はそれを上子専務の前で口にはしなかった。

コマサへの信頼

『西部警察』は爆走を続ける。

マシンX、スーパーZ、サファリ4WD、マシンRSシリーズといったスーパーマシンを次々に登場させ、シリーズの呼び物になった。大人の男性だけでなく、少年層にまでファンを広げ、テレビ界に新たな時代を切り拓いた。

これに加えて、銃火器を使用するドンパチのシーンは回を追ってハデになっていく。のちPART‐IIやIIIでは爆破シーンがふんだんに取り入れられていくのだが、全体を統括するのは渡で、アクションシーンや爆破シーン、カースタントといった現場の段取りはコマサの担当だった。

「あそこで車をUターンさせて横滑りにさせたいんですが」

と監督がコマサに相談し、実際にやれるかどうか—つまり、事故が起こらないかどうかをコマサが判断し、

「これはやれる」

「無理だ」

即座に判断し、

「やるとしたら——」

とアドバイスする。

そして演出部やスタントチームとシミュレーションしたうえで、撮影前日、全スタッフを集めると、コマサが段取りをくわしく説明してから、

「で、もし車がそっちへスリップしたらこう対処する、もしブレーキングが狂ったらこう対処する」

と、あらゆる場面を想定して念入りに準備するのだった。

銃撃アクションや爆破、カーチェイスといったハデな見せ場は、いざ具体的な演出プランにかかると脚本より縮小されるものだが、石原プロの場合は逆だ。どんどんふくらんでいく。

「ここまではやれる」というコマサの判断が的確であり、スタッフがコマサに信頼を寄せているからこそ可能なことだった。

どんなハデなシーンを撮ろうとも、製作スケジュールはきっちり守る。それが石原プロであり、渡とコマサの腕の見せどころでもあり、四台のカメラで一日百カットを撮るという離れ技をみせたこともある。

それだけに、撮影場所を探すのに時間をかけているわけにはいかない。いまだに石原プロで語り草になっているのが、『大都会PARTIII』でコマサが現場設定のときに見せた凄味と強引さだ。

現場設定は、犯人グループが立てこもる銀行。コマサは取り引きのある某銀行の支店を想定していた。

石原プロや裕次郎の個人資産の預金先であり、裕次郎の歌唱印税の振込口座も開いている。

よもや断るまい思って申し込んだところが、

「今回はちょっと……」

と言ってきた。犯罪がらみのシーンとあって、支店長が難色を示したのである。

了解が取れるものと安心していたコマサは、これに激怒した。撮影スケジュールから考えて、いまからあちこちの銀行と交渉するのは時間的に厳しいものがある。だからといって、「そこを何とかお願いします」と頭を下げる男ではない。

「よし、わかった!」

啖呵を切るや、石原プロと石原裕次郎の口座をすべて引き上げてしまったのである。

泡をくったのは銀行だ。本店で大騒ぎになり、支店長の責任問題にまで発展したのである。

結局、本店上層部と支店長が丁重に詫びた上で、この支店でロケを実現させた。こうした武勇伝の積み重ねの上に『西部警察』があり、「コマサなら何とかしてくれる」というスタッフへの信頼感へつながっているのだ。

「命がけの危険なシーンは、コマサが旗を振らなければ駄目だ」

と言って、裕次郎も頼りにしている。日活撮影所時代、現場の段取りで苦労したコマサの経験が、いまこうして活きている。だが、その一方で、「万が一」——という事故の不安は、裕次郎の頭の片隅にいつも巣くっていた。コマサが石原プロに入社するキッカケともなった『黒部の太陽』の撮影現場で、大きな事故を起こし、裕次郎は九死に一生を得た。そのときのことが、裕次郎の脳裡をかすめるのだった。

『太陽と呼ばれた男』向谷匡史著(青志社)より

第2回　独占インタビュー

西部警察PARTーⅡのテーマはこうして生まれた

初めて明かされたサウンドトラック盤　感動秘話

元テイチクレコード製作部長

高柳六郎

西部警察 PERSONAL 3
特別特典 CD

西部警察サウンドトラック SPECIAL 2
西部警察Ⅱ・Ⅲメインテーマ２曲付き

西部警察メインテーマが決まるまで

ドラマのサウンドトラックに関して、裕次郎さんはこちらに任せて下さっていたので、当初、本人から「こうしたい」という意見は無かったです。ただ「西部警察メインテーマ」のメロディを決める時には、石原プロの小林正彦専務と共に、裕次郎さんのもとに行って相談をしました。そこで「よし西部劇にしよう」という方向で、メロディが決まったのです。裕次郎さんの頭の中に映画の『夕陽のガンマン』とかが残っていたみたいで、タイトルが『西部警察』なんだから音楽も西部劇で行こう」としたのです。

簡単でおぼえやすいメロディを作るのはなかなか難しいことなのですが、「西部警察メインテーマ」は本当によくできたメロディでしたね。

作曲と編曲の宇都宮安重さんは、ドラマの音楽監督である鈴木清司さんの推薦による起用でした。

とても腰の低い方で、こちらの無理を聞いてもらって何でもやって下さいました。

サウンドトラックのレコーディング

何百ロールも作曲してもらって、録音を2日くらいで仕上げる、という短時間の中で作っていましたから、当時のことはほとんど記憶にないですね。『西部警察』の音楽は、レコードによるものとテレビ用とを分けて録音したのではなく、一日、二日、スタジオに缶詰めになって、メインテーマを含め、80曲から100曲以上を、いっせいに演奏して、マルチテー

1987年（昭和62）2月、ハワイにて石原裕次郎最後のレコーディングを。右が高柳六郎ディレクター。

プに録音していったのです。

その中からレコードへの収録する楽曲はステレオのミックスで仕上げて、ドラマの選曲に使うTV用は、モノラルにミックスしたテープを、音楽監督の鈴木清司さんにお渡ししたのです。

まあ、とにかく戦場みたいな現場だったので、ラッパ（管楽器）も演奏が長時間に渡ると疲れてきて吹きすぎたり、音程が外れたりということもありました。

限りある時間の中で、それもOKとしながらドンドン録音していったのを覚えています。今のデジタル録音にない熱が、サウンドから感じていただけるのも、あの凄まじい現場だったから成し得たものだったのではないでしょうか。

演奏は精鋭のミュージシャンたちで、「ホーネッツ」という名前は、僕らが考えました。ですから『西部警察』だけのグループなんです。

アルバムで音楽に銃声や車の音を重ねて収録したのは、ドラマのレコードですから、聞いていて臨場感があった方がいいんじゃないか、と話し合って作りました。おかげで迫力あるサウンドのコラボが出来上がったのです。

でも、本当に音楽を楽しみたいファンの方から「効果音を入れてほしくない」とか「西部警察メインテーマ」についても「ギターのメロディではなくて、テレビと同じラッパ（管楽器）の音の方を、レコードにしてほしい」という要望をいっぱいいただきましたが、こちらとしてはベストなものを全部、レコードに収録している、という考えでした。

『西部警察PARTーII』の音楽

裕次郎さんも僕もフォービートが大好きなんです。僕の記憶の中では4分の2拍子のいわゆるド演歌は作ったことがありません。リズムのノリが違うんです。やはりフォービートです。

『西部警察PARTーII』では、演奏をビッグ・バンドの高橋達也&東京ユニオンにしました。新シリーズにあたって、音楽を担当することになった作曲家の羽田健太郎さんと打ち合わせした上で、提案させていただいて決まったのです。さすが羽田健太郎さんですね。

高橋達也&東京ユニオンはノッて、すばらしい演奏をしていただきました。

オープニング・テーマは他に候補が上がったりしましたが、僕はメロディを聴いて「ワンダフル・ガイズ」だと一発で感じましたね。「ワンダフル・ガイズ」という曲名をはじめ、サントラ盤に収録されているタイトルは、僕とアシスタント・ディレクターで考えました。

ドラマが男のカッコ良さを描く世界なので、そのイメージに重なる音楽作り、楽しくもあり苦しくもあった人生の中でとても記憶に残る日々でした——。

（以下次号へ）

西部警察 PERSONAL 3
三浦友和
THE HERO OF SEIBUKEISATSU

CONTENTS

特別特典CD

西部警察
サウンドトラック SPECIAL 2
西部警察Ⅱ・Ⅲテーマ
TV サイズ・フルサイズ 2曲付き

次号予告
発売は 2022 年 5 月中旬予定です。
西部警察 PERSONAL 4 SUPER HERO

発行日 2022年2月11日 第1刷発行

編集人
発行人 阿蘇品 蔵

発行所 株式会社青志社
〒107-0052 東京都港区赤坂 5-5-9 赤坂スバルビル6F
(編集・営業) Tel：03-5574-8511
Fax：03-5574-8512
http://www.seishisha.co.jp/

印刷・製本 株式会社プラスコミュニケーション

装丁デザイン 加藤茂樹
撮影 筒井義昭（三浦友和特撮）
編集 岩佐陽一・久保木侑里
進行 三浦一郎
制作協力 ㈱石原音楽出版社
写真提供 ㈱石原音楽出版社
㈱テイチクエンタテイメント
㈱文化工房
取材協力 内山浩一
thanks ㈱テレビ朝日
※文中敬称略

 ISBN 978-4-86590-129-0 C0074